La France Orientale

NOTES PRATIQUES

sur

MADAGASCAR

par

Alexandre NARRAS

Ex-Directeur d'Agriculture et Prospecteur à Madagascar,
Membre du Comité *Colonia-Club*

Prix : UN FRANC

ÉDITION DU *Colonia-Club*

Comité Colonial Commercial International

En Vente :

Colonia, 57, Avenue de Suffren, Paris

1913

MADAGASCAR

L'Ile de **Madagascar**, située dans l'Océan Indien, est séparée de la Côte Orientale d'Afrique par le canal de Mozambique ; elle est de forme allongée c'est-à-dire 3 fois plus longue que large.

Grande comme la France, la Belgique et une partie de la Hollande, sa superficie est de 592.000 kilomètres carrés et renferme une population indigène de 2.500.000 habitants, soit 6 par kilomètre carré ce qui est bien peu et même pas assez pour mettre rationnellement en valeur un aussi grand pays.

Madagascar étant située dans l'hémisphère austral, les saisons sont complètement opposées aux nôtres, c'est-à-dire que nos mois de juin, juillet et août correspondent là bas à la saison fraîche. Par le fait de l'importance de son territoire et par sa situation géographique comprise entre le 11e et le 25e degré de latitude sud, Madagascar n'est pas un pays d'un seul climat, mais un pays de climats multiples et différents : ceux du Nord, du Sud, de l'Est, de l'Ouest, du Sud-Ouest et du Centre.

Le Nord comprend tout le pays Antankara du 11° au 13° ; les saisons y sont bien tranchées, 5 mois de pluie, 7 mois de sécheresse. Température chaude et humide. Maximum 34 à 36. Minimum 18 à 20°.

Le Sud comprend le pays situé entre le cap Sainte-Marie et Vaingaindrano, la température y est relativement fraîche. Maximum 23° à 30°. Minimum 7° à 10°.

La Côte Est comprise entre Vohémar au nord et Vaingaindrano au sud et le plateau central est chaude, humide et surtout pluvieuse. A Tamatave Maximum 33° à 35°. Minimum 15° à 18°. A Mananjary, maximum 30° à 33°, minimum 10° à 12°.

A Tamatave il tombe annuellement une moyenne de 4 mètres d'eau, il ne pleut pas constamment mais fréquemment, ce phénomène a fait dire aux colons qu'à la Côte Est il y avait deux saisons : 1º la saison pluvieuse, 2º la saison où il tombe de la pluie.

A noter une particularité bizarre du climat de la Côte Est. Lorsque la température par suite de variations atmosphériques s'abaisse à 10º ou 12º l'Européen acclimaté, a froid et grelotte.

La Côte Ouest s'étend du Sambirano à Tuléar et jusqu'à la chaîne du Bongo-Sava ; climat chaud et humide, fiévreux dans le Boueni. Température maximum 36º à 40º. Minimum 20º à 24º.

La Côte Sud-Ouest comprend le pays situé entre Tuléar et le Cap Sainte-Marie ; elle est chaude et sèche et il n'y pleut presque pas (40 millimètres d'eau annuellement) ; pays aride sablonneux, aux sources rares ; il est couvert presque entièrement de cactus épineux et de plantes grasses, d'arbres sans feuilles comme l'intisy, de baobabs, etc.

Le Centre comprenant le pays des Hovas et des Betsiléos, est un pays de plateaux, coupé de collines et de hautes montagnes, avec des altitudes variant de 800 à 1 500 mètres.

A noter quelques sommets élevés : le Tsia'a javonja au centre (2.630 mètres) et le Tsaratanana au nord (2.880 mètres).

Température chaude le jour et froide la nuit, rosées abondantes. On n'y voit pas comme sur les côtes des habitations en bois et des cases en bambous.

Les maisons européennes et indigènes sont construites en briques ou en pisé, avec portes et fenêtres, et carreaux aux fenêtres, dans les villes.

L'Européen s'acclimate promptement dans cette région, où il y moins de moustiques et par conséquent peu de fièvres. Pendant les nuits de la saison fraîche, l'européen supporte volontiers pour dormir l'usage de plusieurs couvertures ou d'un édredon léger, regrettant même que les habitations ne soient pas pourvues de cheminées afin d'y faire un peu de feu.

A l'altitude de 14 à 1.500 mètres, il n'est pas rare de voir le matin, pendant cette même saison, des cristaux de glace lorsque pour expérience, on a laissé à dessein une assiette pleine d'eau à sa porte.

Ce froid arrête la végétation et grille les jeunes pousses des plants de manioc ; les Malgaches, dans leur langage imagé, appellent ce phénomène « Béfanaly, » c'est-à-dire le froid qui brûle.

La neige y est inconnue, mais les chutes de grêle sont assez fréquentes.

Du Climat

Le climat de Madagascar a été à tort, fort discrédité, il est cependant supportable aux Européens.

Si les journées sont chaudes, par contre les nuits sont fraîches, tempérées par la brise du large et par des rosées nocturnes abondantes.

Les jours étant sensiblement égaux aux nuits (12 heures de jour et 12 heures de nuit), l'on a largement le temps nécessaire pour se reposer. Dans l'intérêt de la santé, il est inutile de faire la sieste après le repas de midi.

En raison de la chaleur humide, l'Européen ne peut s'astreindre à un travail manuel fatigant ; il ne pourrait le faire sans compromettre sa santé, mais il doit par contre ne pas rester oisif et s'activer par de légers travaux.

D'ailleurs, la direction et la surveillance de son personnel indigène absorberont largement son temps.

Beaucoup de nos maladies de France sont inconnues là-bas, telles que la diphtérie, la scarlatine, la rougeole, l'érysipèle, la fièvre typhoïde et le ténia ; par contre, la rage et la variole y sont à redouter.

Une terrible maladie : la lèpre, maladie héréditaire, est commune chez les indigènes.

Quant au paludisme, il n'est pas à craindre pour

l'Européen ayant une bonne conduite, ne commettant pas d'éxcès et observant les règles d'une bonne hygiène.

Géologie

Presque toute la Côte Est et le plateau central sont de formatiou primaire, comprenant des roches granitiques, des micaschistes, des basaltes, des quartz, nes feldspath, etc..., ces dernieres, par leur lente décomposition, ont contribué à donner aux terrains un aspect uniformément rouge.

Le Nord, l'Ouest et le Sud sont de formation secondaire. Dans les roches qui composent ces contrées, l'on trouve beaucoup de calcaire formé de dépôts coquilliers, des calcites ou carbonate de chaux pure qui sont des témoins authentiques d'une période prolongée sous-marine.

Dans le centre principalement, et un peu en général par toute l'île entière, existent de nombreux volcans éteints.

A Madagascar, l'on trouve du fer en quantité considérable, de l'or presque partout, du cristal de roche, du graphïte, des pierres précieuses, quelques dépôts carbonifères et une mine de pétrole bitumineux.

Les peuplades indigènes et les races

Il existe à Madagascar de grandes et petites peuplades qui, avant notre conquête, étaient constamment en guerre entre elles.

Au nord les Antankaras entre Vohémar, le Sambirano et le Cap d'Ambre. Les Sakalavas, entre le Sambirano, Tulléar et le Plateau-Central, c'est-à-dire sur la côte ouest; les Mahefales habitant la région épineuse du Sud-Ouest; les Antanosy et les Antandroys habitant le Bassin du fleuve Onilahy et la région de Fort-Dauphin. Les Baras peuplent le plateau aride de l'Orombé situé au sud du Pays Retsiléo. Les Antaimoro peuplent la provin e de Farafangana; les Antamboakos: la région du bas Mananjary; les Antanalas: la région boisée d la

Mi-Côte montagneuse du Centre-Est ; les Betsimi-saraka⁺ toute la Côte Est de Mananjary à Vohémar ; les Betsiléos : Fianarantsoa et Ambositra, et les Hovas, habitent le pays de l'Imerina comprenant les villes d'Ansirabe, Betafo, Tananarive, Ambihamango du Nord.

La région centrale habitée par les Hovas et les Betsiléos est celle qui possède la population la plus dense.

Population des villes :
Tananarive : 60.000 habitants.
Tamatave : 18 à 20.000 habitants.
Fianarantsoa : 10.000 habitants.
Majunga : 8.000 habitants.

Des peuplades indigènes

De toutes ces peuplades il existe trois races bien distinctes. 1° les Sakalaves et les Baras descendants des Cafres d'Afrique dont ils ont le profil et la couleur ; 2° les Betsimisarakas qui sont un mélange de race autochtone et de créoles Bourbonnais, Mauriciens et d'Européens ; 3° les Hovas. Le Hova appelé aussi Imerina n'est pas de race nègre, mais de race malaise. Il a la taille svelte et élancée, le teint olivâtre, les cheveux plats, la barbe peu fournie.

Cette race est éminemment intelligente et bien supérieure aux autres peuplades de l'Ile.

Instruit dans des écoles spéciales, le Hova sera un très bon instituteur, un assez bon médecin, mais un habile officier de santé, un très bon musicien, un très bon dentiste.

Il excelle dans les métiers manuels : bijouterie, menuiserie, ébénisterie, ferblanterie, poterie, maçonnerie, etc... c'est aussi un commerçant habile. Il réussit dans les professions artistiques : dessin, photographie, etc...

Il aime les emplois peu fatigants, comme ceux de contre-maître, il raffole des emplois administratifs et aime le galon.

Lorsqu'on se décidera à établir l'autonomie et le

recrutement administratif local, l'on pourra facilement et avantageusement trouver dans l'élite intellectuelle Hova des auxiliaires habiles et précieux.

Aucune des peuplades de l Ile n'est barbare ni antropophage ; l'indigène accepte et reconnait notre supérioté intellectuelle ; la femme blanche ainsi que ses enfants sont partout respectés et ne courent aucun danger d'être molestés.

L'indigène est poli et hospitalier. Si l'on voyage à travers la brousse, il vous offrira spontanément sa case pour y passer la nuit ; lui et les siens iront dormir chez un voisin. En cours de voyage, si on le rencontre dans un petit sentier, il s'effacera pour vous laisser passer et vous saluera en enlevant son chapeau ou en faisant le salut militaire.

Il ne frappe jamais ses enfants même pour les corriger ; il préfère, s'ils sont coléreux, les laisser pleurer pendant des heures entières.

Il a le respect des vieillards et ne les laisse jamais manquer de nourriture.

Il a le culte des morts : une cérémonie funèbre se fait toujours bruyamment, les parents et amis sont invités ; on boit ferme, on danse et l on chante en l'honneur du mort dont on exalte les vertus.

Les indigènes ont de nombreux enfants mais beaucoup meurent jeunes faute d'hygiène. Les enfants nés bossus ou contrefaits sont supprimés, abandonnés la nuit au coin d'un bois. Dans leurs croyances superstitieuses, la vie de ces enfants attirerait les malheurs sur leurs parents, et c'est pour ce motif qu'à Madagascar l'on ne voit jamais d'estropiés.

En somme le Malgache est un grand enfant. plutôt craintif, avec lequel il est bon d'être juste, mais ferme.

De la faune malgache

A part les caïmans peu nombreux, peu vigoureux et par conséquent peu dangereux, il n'existe à Madagascar aucune bête féroce, ni aucun serpent venimeux.

Les seules bêtes sauvages sont le sanglier, le chat-sauvage appelé « Alaza » et le Fosa sorte de carnassier de la grosseur d'un petit chien, espèce d'animal spécial à Madagascar et assez curieux dans ce sens que ses pattes d'avant sont identiques à celles d'un chat et celles de derrière à celles d'un chien ; ces deux derniers animaux sont dangereux pour les poulaillers seulement.

Comme singes : le « Babakoto » à pelage fauve et à collier de barbe blanche, et une trentaine de variétés de petits Lemuriens appelés « Makis ».

Oiseaux : A Madagascar, le gibier à plume abonde et le coup de fusil est intéressant. On y trouve presque partout des canards sauvages de toutes tailles, des sarcelles, des poules d'eau, des bécasses, des flamants roses, des hérons, des cailles, des perdrix, des pintades sauvages, des tourterelles, des pigeons verts et des pigeons roses, des corbeaux noirs et blancs, des perroquets noirs, des petites perruches vertes, des oiseaux de proie de la grosseur de la buse de France, le petit colibri, le coucou, une quantité de petits granivores voltigeant par bandes, le cardinal appelé « Fody » au plumage rouge, etc.

A Madagascar, l'animal le plus insupportable surtout au début d'un séjour est le moustique, mais à la longue on s'y habitue, il s'y trouve aussi des sauterelles, mais comme ces deux bestioles sont répandues sur toutes les latitudes chaudes, il est inutile d'en parler.

La vie à Madagascar

D'une manière générale le coût de la vie est peu élevé à Madagascar sauf pour le pain, le vin et le loyer.

A la Côte, l'Européen habite dans des cases en bois entourées d'une véranda ; dans le centre Imerina ou Betsiléo les maisons sont construites en briques.

Ces habitations sont confortables, comprenant un pavillon de 2 ou trois pièces avec cour et cuisine ; elles se louent mensuellement de 40 à 80 francs.

Comme cuisinier, le Malgache est maître coq habile, on le paie de 25 à 40 francs par mois, plus la nourriture.

La cuisine se fait soit au bois, soit au charbon de bois. Dans toutes les villes l'on trouve des hôtels et restaurants, des épiciers, boulangers, bouchers, des magasins de tissus, mercerie, bonneterie. chaussures, papeterie, meubles, literie, ustensiles de cuisine, etc... Les marchés sont abondamment pourvus de fruits : mangues, bananes, ananas, avocats, pysalis. ainsi que de tous les légumes de France qu'on trouve à bon compte.

Le vin coûte environ 1 franc le litre. Le pain 1 fr. à 1 fr. 20 le kil. La viande de bœuf 0 fr. 70 à 0 fr. 80 le kil. La douzaine d'œufs 0 fr. 30 à 0 fr. 40. 20 litres de pommes de terre 1 fr. Une oie 1 fr. 25. Une dinde 0 fr. 80 à 1 fr. Une poule 0 fr. 60. Un poulet 0 fr. 40. Un petit poulet 0 fr. 30. Un mouton 2 à 3 fr.

Voyages

Des moyens de locomotion.

Avant l'établissement des routes carossables, des sentiers muletiers, du chemin de fer et des automobiles, le seul moyen de transport, qui d'ailleurs est encore en usage à travers les chemins de brousse, était le filanjana. Ce mode de locomotion n'est pas fatigant pour le voyageur qui se trouve assis confortablement comme dans un fauteuil, le dos appuyé et les pieds reposant sur une planchette maintenue par des courroies ou des cordes ; 4, 6, ou 8 hommes sont nécessaires selon le poids du voyageur ; les 4 porteurs trottent presque tout le temps, changent la charge d'épaule ou se relayent tous les 60 mètres environ sans arrêt, les brancards étant saisis adroitement au vol par les remplaçants.

Par ce mode de locomotion l'on parcourt environ

de 20 à 40 kilomètres selon la viabilité du chemin.

Les bagages sont ficelés sur un bambou et répartis à raison de 40 à 45 kilos pour 2 hommes, lesquels portent cette charge à l'épaule et sont acheminés 1 heure au moins avant le départ du convoi.

A Madagascar le voyageur ne s'embarrasse pas d'une tente de campement ; les repas du matin et du soir et le coucher ont toujours lieu dans une case de village, dont le propriétaire vous offre gracieusement l'hospitalité.

Tous les villages et villes situés au bord des lagunes de la Côte Est et le long des fleuves et rivières sont desservis par des pirogues qui transportent bagages et voyageurs.

Il existe deux services de chaloupes à vapeur : l'un par la Côte Est relie les deux tronçons du chemin de fer et assure le transport des voyageurs d'Ivondro à Brikaville, l'autre à la Côte Ouest met en communication les deux villes de Majunga et de Mévatanana sur la Betsiboka.

Le chemin de fer ne va pas directement de Tamatave à Tananarive il est formé de deux tronçons le 1er, d'une 1/2 heure de trajet part de Tamatave et aboutit à Ivondro sur la lagune. Les voyageurs ayant emprunté la chaloupe côtière ont au préalable emporté avec eux un panier de provisions, ils déjeunent à bord, arrivent le soir à Brickaville, tête de ligne du deuxième tronçon, dînent et couchent à l'hôtel. Ils prennent le train le lendemain matin s'arrêtent 3/4 d'heure pour déjeuner à Moramangana et arrivent le soir à Tananarive.

Nota. — Le prolongement de Brickaville à Tamatave est terminé. Sa longueur est de 97 kilomètres. Il a coûté 7 millions de francs. Les premiers trains ont été mis en circulation.

Primitivement une route carrossable partant du confluent de la Vohitra près de Brickaville, c'est-à-dire à Mahatsara reliait ce pays à Tananarive, mais comme le nouveau chemin de fer a emprunté en partie son tracé elle est abandonnée et en partie inutilisable.

Des moyens de communication

Une route carossable met en communication Tananarive avec les villes importantes d'Antsirabé et d'Ambositra, de Fianarantsoa et de Mananjary.

Entre ces centres importants, un service quotidien d'automobiles assure le transport rapide des voyageurs.

Les déplacements en ville, les courses, les visites, se font en filanjane ou bien en pousse-pousse.

Prix des voyages (de Tamatave à Brickaville-Tananarive) :

	1re Classe	2o Classe
De Tamatave à Brickaville......	58.40	29.20
De Brickaville à Tananarive.....	54.40	27.20

0 fr. 10 et 0 fr. 20 par kilomètre.

Bagages 1 franc par tonne et par kilomètre.

De Tananarive à Fianarantsoa...............	60 fr.
De Fianarantsoa à Mananjary	35

Bagages, par 100 kil., Grande Vitesse :

De Tananarive à Fianarantsoa............	35 fr.
De Fianarantsoa à Mananjary............	10

Par 1.000 kil. (tonne) : Marchandises

De Tananarive à Fianarantsoa...........	100 fr.
De Fianarantsoa à Mananjary...........	75

Importations

	Total général	de France	Autres pays
En 1909..	34.140.335	28.959.295	5.191.040
En 1910..	33.436.922	26.650.140	6.786.782
En 1911..	44.763.892	27.206.470	7.557.422
	112.341.149	92.815.905	19.525.244

Marchandises de provenance allemande francisées.

Pour les importations la France conserve toujours la première place, c'est-à-dire qu'elle importe environ *cinq fois plus* que les autres pays.

Les importations sont ascendantes (10.556.830) de plus en 1911.

Comparativement à 1910 et pour la France seulement. Moyenne des 3 années : 37.437.049 — 30.968.6 5 — 6.508 414.

Exportations

	1909	1910	1911	1909 à 1911 En plus
1° France.....	22.412.316	28.521.436	29.561.254	7.148.938
2° Allemagne .	8.126.898	10.393.560	8.940.033	713.136
3° Angleterre .	1.033.157	3.302.933	4.203.775	3.170.618
4° Colonies Françaises	936.906	1.274.850	1.467.691	530.785
5° » Anglaises	475.239	963.287	812.453	337.214
6° Amérique..	33.604	129.278	476.944	443.340
7° Egypte	46.790	56.340	8.652	
8° Autres pays	313.269	796.596	2.064.559	1.751.290
	33.378.179	45.438.280	47.535.361	14.095.320

Les Exportations sont ascendantes, (environ 13.600.000) de plus en 1911, comparativement en 1909.

En 1909 Madagascar exportait sur la France le double des autres pays. En 1910, 1,68 %. — En 1911, 1,64 %.

A noter la progression de l'Angleterre, des Colonies Françaises et Anglaises et de l'Amérique.

L'Allemagne maintient la place qu'elle a conquise sur l'Angleterre.

Exportatiens détaillées

		Kil.	Francs	Plus value en fr.
Café.......	1909	94.133	163.827	
	1910	110.698	175.978	12.151
	1911	227.857	447.902	284.075
Cacao......	1909	22.940	46.229	
	1910	27.963	56.989	10.760
	1911	20.817	41.925	
Vanille....	1909	39.718	1.102.593	
	1910	42.804	1.271.172	168.579
	1911	52.430	2.024.656	922.063
Caoutchouc	1909	701.570	4.613.920	
	1910	1.125.441	9.366.922	4.753.002
	1911	801.315	4.566.305	
Riz tout venant	1909	3.961.131	566.546	
	1910	8.251.511	1.151.997	595.451
	1911	6.175.423	1.046.634	480.088
Manioc séché.	1909	134.043	16.995	
	1910	4.655.495	706.758	689.763
	1911	13.304.388	1.578.304	1.461.309
Pois du Cap.	1909	295.701	90.717	
	1910	3.391.495	1.131.597	1.040.880
	1911	7.056.590	1.578.304	1.487.587
Ecorces de Palétuvier (Tan)	1909	2.700.740	189.827	
	1910	36.180.578	2.734.888	1.545.061
	1911	53.357.926	3.645.693	3.455.866
Rafia......	1909	2.875.734	1.336.816	
	1910	5.618.618	2.859.849	1.523.033
	1911	6.307.696	3.438.587	2.101.771
Crin végétal	1909	29.268	20.229	
	1910	42.389	15.757	5.528
	1911	969.824	48.010	27.781
Billes de bois	1909		108.441	
	1910		331.510	223.069
	1911		349.733	241.292
Ecailles de Tortues	1909	3.041	96.540	
	1910	4.294	131.842	35.302
	1911	3.490	119.935	23.395
Peaux de Bœufs..	1909	4.535.130	5.608.411	
	1910	6.572.995	9.492.235	3.883.824
	1911	6.577.210	8.647.414	3.039.003
Bœufs vivants...	1909	9.248	546.605	
	1910	12.648	742.550	195.945
	1911	16.253	1.130.550	583.945

		Kil.	Francs	Plus value en fr.
Graisse de Porc..	1909	159.079	186.377	
	1910	966.030	1.161.116	974.739
	1911	1.107.930	1.232.594	1.046.217
Maïs ......,	1909	115.232	14.331	
	1910	271.678	38.276	23.945
	1911	279.269	38.690	24.359
Plume d'Autruche.	1909	129	6.514	
(Plumes de Parure)	1910	202	25.965	19.451
	1911	193	21.565	15.051
Soie en Cocons ..				
	1910	320		3.400
	1911	102		911
				Moins value
Or	1909		10.937.225	
	1910		9.018.196	1.919.029
	1911	2.902	8.705.558	2.231.667
Cire......	1909		1.492.070	
	1910		1.467.381	24.689
	1911	476.164	1.329.690	162.380
Clous de girofle..	1909	98.297	109.158	
	1910	47.863	93.823	15.335
				Augmentation
	1911	127.462	255.155	145.997

Ce que l'on peut faire à Madagascar.

Du Commerce

Il existe à Madagascar beaucoup de maisons de commerce de gros, tant françaises qu'anglaises ou allemandes Leur clientèle est constituée par les commerçants détaillants, presque tous de nationalité indienne ou chinoise.

On commit une lourde faute en permettant aux asiatiques d'exercer le commerce de détail. Ces gens sans scrupule vendent de tout, trafiquent de tout, et hélas ! aussi fraudent tout. Vivant de peu, ils ont fait une concurrence acharnée aux boutiquiers indigènes et Bourbonnais qu'ils ont obligé à fermeret à abandonner leur commerce.

L'on trouve de tout chez eux des tissus, des lainages, des cotonnades, des soieries, de l'épicerie, de la mercerie, de la chaussure, de la bimbeloterie de bazar, de la quincaillerie, du vin, des alcools ; ils tiennent buvette et même restaurant.

Donc pour le petit commerce il n'y a rien à faire pour le moment.

Ces asiatiques sont un danger mortel pour nos colonies qu'ils appauvrissent ; vrais parasites, leur séjour n'est que temporaire. Lorsqu'ils jugent que leurs gaiñs sont suffisants, ils réalisent, rentrent dans leur pays, et l'on ne voit plus jamais ni leur physique ni la couleur de leur argent.

Pour le commerce de gros, étudier minutieusement la question avant de créer quoi que ce soit. Il serait peut-être difficile de faire sa percée et de fonder une ou plusieurs maisons prospères, les anciens établissements ayant leur clientèle bien assise et possédant tous des succursales dans les villages importants.

En 1909 le mouvement commercial, tant importations qu'exportations s'est élevé au chiffre total de 67.518.514 francs et en 1911 à environ 92.300.000 francs soit une plus value de 24.800.000 francs en deux années dont 14.200.000 pour les exportations et 10.600.000 pour les importations.

Pour le Commerce de Gros

Peut-on faire plus ? Peut-on faire mieux ? Et peut-on créer de nouvelles maisons de commerce ?

A ces trois questions je répondrai franchement oui, *mais à la condition qu'on oblige* et que les compagnies de navigation acceptent de mettre rapidement en chantier de nouveaux navires à marche rapide, d'un fort tonnage, et dont les plans adoptés par une commission spéciale, comporteraient pour les passagers le confort moderne et la sécurité contre les accidents de mer, et pour les marchandises périssables telles que fruits, viandes et toutes denrées alimentaires, des cales spéciales réfrigérantes.

L'industrie du froid inventée par notre illustre compatriote Charles Tellier surnommée le « père du froid », a fait la fortune des Républiques Sud-Américaines, de l'Argentine et du Paraguay.

En 1912, le commerce mondial des denrées ainsi conservées s'est élevé au chiffre formidable de *12 milliards de francs*.

Nos voisins les Anglais ont actuellement en service une flotte de 400 navires marchands munis de cales froides leur permettant d'importer en Angleterre des produits de leurs colonies les plus éloignées : du Cap, de l'Australie et même de la Nouvelle-Zélande, des viandes de toutes sortes, du beurre, des œufs, des fruits, etc. ; le froid en effet conserve la sapidité et l'arôme des fruits d'une façon merveilleuse.

Cette industrie ouvre à l'activité commerciale des débouchés et des ressources insoupçonnés

Et nous Français, qui avons créé cette admirable chose, nous le peuple de génie et travailleur par excellence, nous le peuple riche mais casanier, appelé ou plutôt surnommé par nos voisins, le peuple de rentiers, qu'avons-nous fait devant les progrès des autres peuples? qu'avons-nous fait pour nous relever de notre décadence maritime? et qu'avons-nous fait pour perfectionner notre marine indispensable à la prospérité, à la richesse et à la force de nos Colonies?

RIEN !

Devons-nous, impassibles, assister à notre agonie, à notre faillite coloniale, et passer du cinquième ou sixième rang au quinzième et nous voir rayer à tout jamais de la liste des grandes puissances, continuant à être la risée de nos voisins ?

A ceci je répondrai non. Il existe en France, heureusement, des hommes de bonne volonté et de courage, des hommes de lutte, capables de secouer les inerties, et de faire entendre le cri d'alarme, et on les écoutera.

Mais en attendant il nous appartient, il appartient à *Colonia Club* de faire dès maintenant une active propagande par la plume et par la parole, de favoriser la création de bibliothèques populaires ou salles de lectures du soir, de demander asile dans les colonnes de tête de la grande presse française, pour des articles coloniaux fortement documentés, surtout par des conférences avec projections lumineuses, par des films cinématographiques dont les scènes vécues pourront impressionner fortement les masses en faveur de notre cause, en établissant des comparaisons :

Entre les efforts et les sacrifices coloniaux que font nos voisins et les nôtres ;

Entre leurs procédés de culture et les nôtres ;

Entre leur marine marchande et la nôtre ;

Entre leur outilllage commercial terrestre et maritime et le nôtre ;

Entre leur administration et la nôtre.

Nos premiers efforts doivent porter principalement sur la réfection moderne de nos paquebots.

Le trajet de retour de Madagascar partant de Tamatave est de 20 jours, s'il se trouve abaissé du tiers alors le commerce avec les escales du parcours et surtout avec la métropole, avec l'Ouest de l'Europe prendra du jour au lendemain une extension considérable.

L'agriculture coloniale pourra alors tirer un bénéfice énorme des produits de ses cultures intercalaires, des régimes de ses bananiers de couverture, fruits dont elle se désintéresse actuellement faute de débouchés.

De nombreuses nouvelles maisons de commerce d'exportation pourront se créer et prospérer.

Nos commerçants français n'ont rien à craindre de ce mouvement pas plus que les agriculteurs français. Si nous leur expédions des œufs et du beur e malgaches, ils importeront moins d'œufs de Russie et moins de beurre de Danemark, si nous leur expédions des bananes, des ananas ou autres fruits ils expé lieront à leur tour à Madagascar des pommes, des poires, des raisins frais, etc., et la compensation s'établiera d'elle-même.

Et alors ce n'est pas 92 millions mais à 10 fois plus que s'élèvera le chiffre de notre commerce.

Des Mines d'Or

L'inconnu, le hasard, l'incertitude.

Certes, il y a de l'or à Madagascar, mais il y est réparti d'une façon bien inégale. Pays montagneux cahotique, la nature a pour ainsi dire bouleversé son sol comme avec une gigantesque charrue.

Tel filon reconnu et mis à découvert sur 500 ou 1.000 mètres se trouve brusquement arrêté, coupé net comme par un couteau, et reporté à 6 ou 8 kilomètres plus loin ; ces cassures sont le résultat d'un bouleversement géologique inoui. Une entreprise de ce genre n'est intéressante que pour un prospecteur professionnel.

Mêmes observations pour les pierres précieuses.

Son Avenir

Par sa situation géographique, par la diversité de ses climats, par son peuple indigène dont une bonne moitié est réellement intelligente et laborieuse par son étendue qui fait de cette grande île un continent. Madagascar peut et doit être la perle de l'Océan Indien.

Essentiellement agricole, comme le sont, d'ailleurs, les pays neufs, tous les efforts doivent converger vers cette question vitale.

Plus l'agriculture prendra d'extension et plus son commerce s'enrichira, se développera et se créera de débouchés nouveaux.

La Nature a distribué sur presque toute la surface de l'île une grande quantité de fleuves et de rivières et une multitude de ruisseaux dont le débit des chutes d'eau et cascades aussi importantes que nombreuses n'attend que le génie de l'homme pour devenir soit la force industrielle, soit l'élement de fertilité en irrigant d'immenses terrains, en intensifiant aussi l'importance et l'accroissement de l'élevage du bétail (par la création de prairies artificielles irrigables.)

Voici les cultures qui ont fait leurs preuves et que l'on peut entreprendre :

1° *Le Café*. — En 1900, j'ai introduit à Mananjary une variété de petit café appelée « Caféa Canéphora » originaire du Gabon et réfractaire à l'heruileia vastatrix, maladie de la feuille ayant beaucoup de ressemblance avec le mildiou de la vigne. Ce petit caféier de basse altitu e réussit très bien dans les plaines chaudes de la côte et s'est rapidement propagé sur la Côte Est puisque l'exportation qui était de 94 tonnes en 1909 a passé à 227 tonnes en 1911.

La France importe annuellement 110.000 tonnes de café dont 1.000 à 12.000 seulement de ses colonies.

2° *Le Cacao* se cultive sur les côtes humides et chaudes et peut-être planté jusqu'au 23e degré, vers Farafangana La France importe annuellement 30 mille tonnes dont 900 à 1.000 tonnes de ses colonies, et 23 tonnes seulement de Madagascar.

3° *La Vanille*, réussit très bien sur toutes ses côtes. La France importe de Madagascar 52 tonnes.

4° *Le Cocotier*. La culture du cocotier est dans l'agriculture ce que les consolidés sont dans la finance ; de toutes les plantations c'est assurément l'une des plus sérieuses et pouvant rapporter pendant 80 années et plus. Madagascar peut nourrir sur ses côtes des millions de pieds de cocotiers, cette culture n'a pas été entreprise ou plutôt ne l'a pas été comme il conviendrait.

5° *Le Coton*. Le coton vient bien à Madagascar, les plaines immenses de la côte ouest facilement irrigables, lui conviendraient admirablement bien. Cette culture faute de connaissances spéciales n'a pas été entreprise jusqu'à présent.

6° *Le Riz* vient admirablement bien à Madagascar ; débouchés : Bourbon, Maurice.

7° *Le Maïs* réussit bien et partout à Madagascar ;

8° *Le Blé* s'est très bien acclimaté dans la région de Bétafo et Antsirabé ; un petit moulin a été créé il y a quelques années près d'Antsirabé.

9° *Manioc*. — A pris une extension considérable

depuis qu'on l'exporte en cossettes ou rondelles séchées. Donne des récoltes annuelles de 30 à 30.000 kil. à l'hectare.

10° *Le Tabac*. Vient très bien à Madagascar, larges et belles feuilles, bonne qualité, un peu chargé en nicotine. En s'entourant de garanties administratives une fabrique de tabacs, cigares et cigarettes, aurait beaucoup de chances de réussite.

11° *Forêts*. Madagascar possède dans ses forêts de belles variétés de bois propres à l'ébénisterie, telles que l'ébène, le palissandre, le camphrier, etc., etc. mais l'exploitation en est très difficile faute de routes et de moyens de transports.

12° *Malterie*. Le blé et l'orge venant bien à Madagascar, une brasserie aurait des chances de succès dans la région du centre : Antsirabé, Bétafo. Noter que l'eau de source à Madagascar est toujours d'excellente qualité.

Le Coton

Il n'est pas de question plus angoissante que celle du coton. Nous n'avons pas encore compris que notre devoir était de faire dans nos colonies les sacrifices nécessaires pour favoriser le développement de cette culture facile et rémunératrice.

Consommation du coton en France

		En Balles	En Kilogs
	Coton d'Amérique...	804.516	176.999.500
	— des Indes......	82.538	23.936.020
	— d'Egypte......	73.727	21.308.000
	— divers........	27.062	5.412.400
1912	Totaux......	987.843	227.655.920
	Valeur 350.000.000 de francs.		
			Kilogs
	Coton provenant des Colon. Franç.		608.000
	— » de Madagascar....		3.500
	Soit une valeur de 1.094.400 francs !		

La France étant l'un des principaux importateurs de coton des Etats-Unis, est à la veille d'une épouvantable crise industrielle ; lorsque cette puissance, dans un temps relativement court, aura multiplié chez elle ses filatures, elle pourra diminuer petit à petit son exportation jusqu'à extinction complète, nous enlever notre clientèle indigène et mondiale et réduire au chômage la plupart de nos usines de tissus de coton.

Distillerie

Le charbon de terre faisant défaut à Madagascar, une fabrique d'alcool industriel pour moteurs aurait de grandes chances de succès en distillant la banane et le manioc.

(Rendement 100 kil de manioc donnent de 45 à 50 litres d'alcool à 90 degrès).

L'Apiculture

Les forêts malgaches renferment une grande quantité d'abeilles que les indigènes détruisent pour s'emparer des gâteaux de miel et de cire. Aucune entreprise n'a été tentée jusqu'à ce jour ; créée par un spécialiste, elle trouverait facilement sur place l'écoulement du miel..

Les régions d'Ambositra, d'Antsirabé et de Bétafo, très fleuries en roses, et fleurs de toutes sortes sont indiquées pour cette tentative.

Sériciculture

Cette industrie peut être tentée avec succès, car le mûrier croit en abondance sur tout le territoire ; le ver à soie d'origine chinoise est bien acclimaté et de nombreux malgaches, hommes et femmes, connaissent ce genre de travail peu fatigant.

Ecoulement illimité sur place et sur les marchés français et européens. A Antsirabé, M. Georger possède une très belle magnanerie.

La Vigne

La vigne réussit difficilement à Madagascar : le sol manque de calcaire, il pleut trop pendant la maturité des fruits, et ces derniers sont abîmés, percés par des insectes, souvent même avant leur maturité.

L'élevage du Bœuf

La partie centrale de Madagascar est complètement déboisée et couvertes d'immenses pâturages pouvant nourrir des millions de bœufs.

Nous exportons des bœufs vivants par les ports de Vohémar et de Tamatave, aux Iles Maurice et Bourbon, îles dépourvues de pâturages, de Tuléar et de Majunga pour le Natal, Lourenço, Marquez et la Côte Orientale d'Afrique où la terrible mouche tsé-tsé ravage les troupeaux.

L'élevage du bœuf pourrait prendre une importportance consitérable si nous possédions une quantité suffisante de bateaux modernes, munis de cales réfrigérantes pour l'exportation des viandes ou bien encore en créant une ou plusieurs usines de viandes conservées. Cheptel actuel : 5.600.000 bœufs.

L'Autruche

Introduite de la Colonie du Cap à Tulléar, l'autruche s'est très bien acclimatée, les Autrucheries sont importantes et se sont rapidement développées. Une entreprise de ce genre est certainement assurée d'un plein succès. D'ici peu de temps Madagascar concurrencera le Cap pour l'exportation des plumes d'autruche.

Le pays de Tulléar lui convient d'autant mieux qu'autrefois habitait dans cette contrée une autruche gigantesque : l' « Epiornis », espèce disparue et exterminée par les indigènes.

Le Porc

Le porc, réussit bien à Madagascar, donne une viande de bonne qualité et écoulée sur place. La graisse est exportée à Maurice et à Bourbon.

Usines (ou Saladeros)

Une ou plusieurs usines semblables aux usines Liébig pourraient prospérer en s'assurant au préalable de la fourniture des troupes françaises. Avec un outillage moderne, elles pourraient se concurrencer facilement les usines américaines, le bœuf malgache étant reconnu d'excellente qualité.

Il en est de même des conserves de volailles fabriquées à l'autoclave. Une ou plusieurs usines installées dans le centre trouveraient la main-d'œuvre en quantité suffisante.

Conclusion.

Madagascar, comme nos autres possessions, est une petite fille de France, mais l'époque des jupes courtes est passé. Avec l'âge elle a pris de la taille, de l'embonpoint et de la force ; elle veut et elle demande à s'émanciper, à l'exemple de ses sœurs amies et voisines ; les colonies anglaises dont elle jalouse avec raison le développement commercial et la richesse.

Lui accorder l'autonomie, lui prêter le secours de nos finances ; de notre armée et de notre marine afin que ses débuts commerciaux soient prospères et son nom respecté, moyennant seulement une reconnaissance honorifique, de direction et de contrôle, est ce une crainte de détachement et de dénoncement maternels ?

Non ! le colon est patriote, mais s'il est Français de cœur il sera avant tout Malgache, parce que ses intérêts le lui commandent parce que le souci de son propre avenir et de l'avenir de ses enfants l'obigent à être malgache, c'est-à-dire à réclamer le droit de se gouverner lui même en n'abandonnant au pouvoir central que les affaires qui ont besoin d'être dirigées par des vues d'ensemble.

Notre gouvernement libéral a le devoir d'établir, de décréter le plus rapidement possible cette réforme de justice et de progrès.

Madagascar n'est plus d'âge à être conduit par la main comme un petit enfant, il possède parmi ses colons, agriculteurs, commerçants ou financiers, parmi ses intellectuels indigènes un élément de force administrative considérable, se sentant parfaitement habiles et capables de gérer leurs affaires

eux·mêmes et de leur donner de l'extension en con-
cordance de la force productive de ce grand pays.

Et alors, ce ne serait pas par unités de millions
que se chiffrerait le commerce malgache mais par
centaines de millions.

Et pour terminer j'ajouterai sans crainte de me
tromper que cette réforme est aussi le vœu ardent
de tous les coloniaux clairvoyants dont le désir pa-
triotique est de voir et savoir notre belle France
toujours plus généreuse, toujours plus riche, toujours plus forte.

NARRAS

Ex-Directeur d'Agriculture et prospecteur à Madagascar.

Membre du Comité " Colonia-Club "

IMP. MORICE FRÈRES
PARIS
9, RUE DU MONT-DORE

263

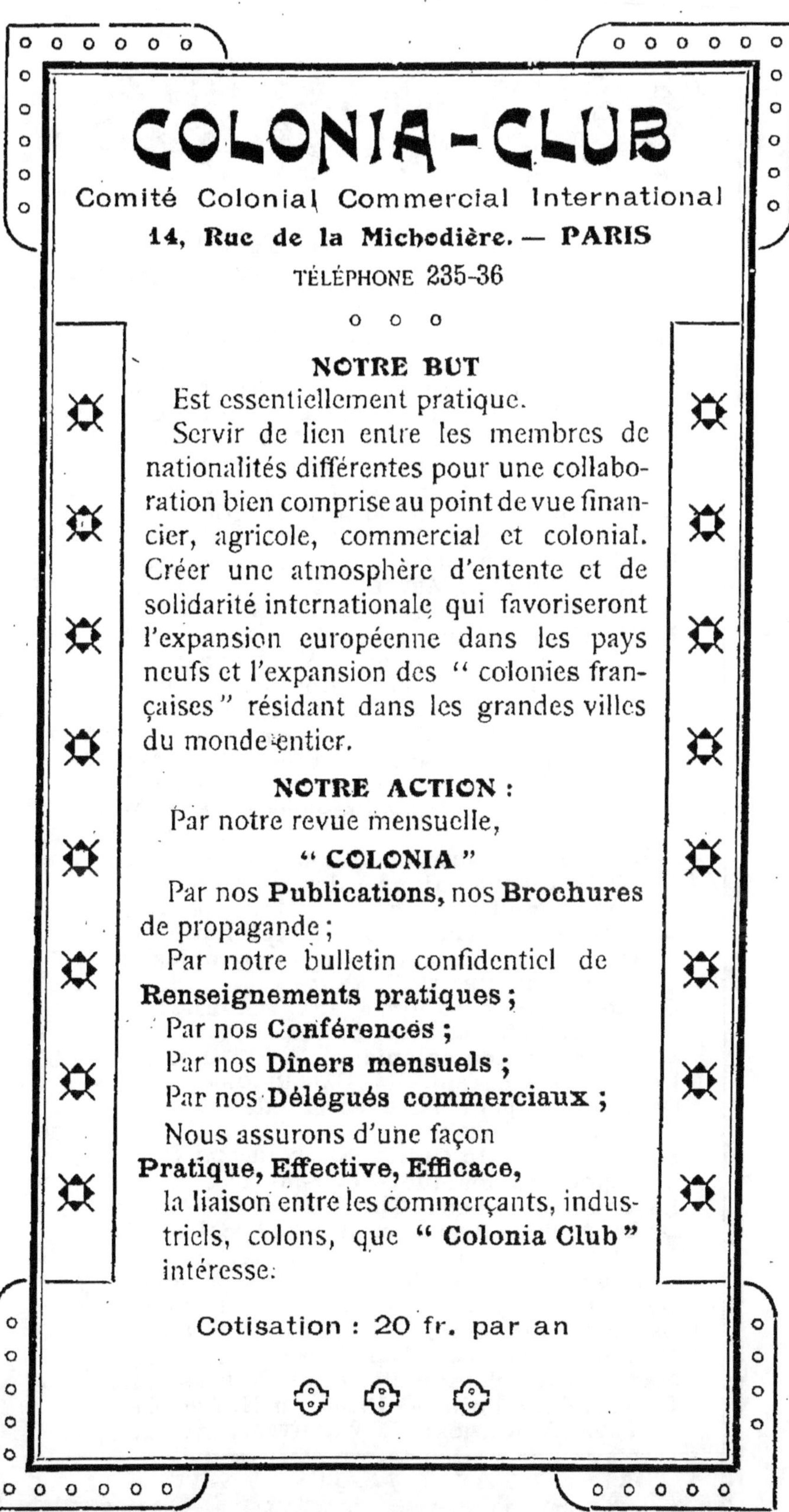

En vente à *Colonia*
57, Avenue de Suffren, 57 — PARIS

Le Maroc. I. L'activité Française. — C. VIDI
    II. Le Maroc économique. — C. FIDEL
    III. Notes pratiques. — René-MÉVEL
    IV. Le Maroc Espagnol. - Greg. GRANADOS.
    V. Pour connaître le Maroc. — René Mével.
    VI. L'organisation du Protectorat.
      René-MÉVEL. —   *Prix franco* : 2. »
Le Bananier. Etude économique et agricole.
    M. DARCHICOURT............. 1.25
Le Rhum. Comment on fait connaitre une marque.
    René MÉVEL................. 0.75
Le Canada et sa Presse. — René-MÉVEL....... 1. »
Le Brésil. I. - France et Brésil. - L. QUIR. DOS SANTOS.
    II. - L'Amazonas - M. DARCHES.
    III. - Le Brésil Agricole. - M. DARCHES.
    IV. - Notes Pratiques. - René-MÉVEL.
    V. - Organisation du Commerce. - R. MÉVEL.
    VI. - La France au Brésil. - René-MÉVEL.
    VII. - La Publicité au Brésil. - René-MÉVEL.
    VIII. - La Presse Brésilienne. - René MÉVEL.
      Prix franco : 2.50
L'élevage de l'autruche. Léon TARDIEU....... 1. »
L'outillage économique à donner à l'Afrique
    Equatoriale Française. — J. MARC-BEL...... 0.50
Les Scieries flottantes pour l'exploitation fo-
    restière dans les contrées intertropicales.
    M. DARCHICOURT ET R. RENARD............ 1.50
Comment on doit vivre aux Colonies.
    Dr G. DE PARREL................ 1. »
L'Hydro-aviation coloniale. - R. RENARD...... 0.50
Le Tonkin Agricole. - M. DARCHICOURT....... 2. »
Ceque l'on peut faire en Rhodesia. —
    L.-M. DE GUESNET................ 0.50
Le Commerce du Chili. - SMURGUERZAY SAENZ 0.50
Le Japon économique. - René-MÉVEL.......... 1. »
Le Commerce avec la Chine. - L.-M. DE GUESNET 1. ›
L'Œuvre de la France en Afrique occidentale
    Dr G. RAISONNIER................ 2. »
Les Chemins de Fer de l'A. E. F. - C. WINCKLER 1. »
L'Australie Agricole. - L.-M. DE GUESNET 0.50
La Crise cotonnière. - Dr. ANTONIO B. PONT.. 0.50
Manioc et Tapioca - Paul HUBERT............. 1. »
Madagascar - Notes Pratiques par NAFRAS...... 1. »
Le Port de la Pointe-à-Pitre, par H.-Adolphe
    LARA, A. RAIMOND, R. WACHTER............ 1. »

www.ingramcontent.com/pod-product-compliance
Lightning Source LLC
Chambersburg PA
CBHW061609050726

47595CB00007B/2850